yukismart.com/b/a68ad6
AF364398
1
2

baby

vauva

boy

poika

friends

ystävät

girl

tyttö

smile
hymyillä
cry
itkeä

eye

silmä

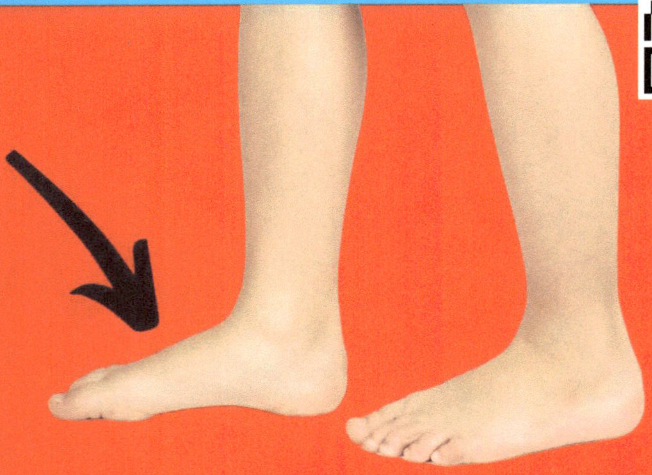

hand

käsi

hair

hiukset

foot

jalka

ear

korva

nose

nenä

tongue

kieli

teeth

hampaat

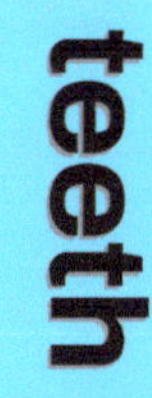

sun
aurinko
moon
kuu
star
tähti

tree

puu

bird

lintu

coat
takki

pants
housut

shoes

kengät

dress

mekko

blue
sininen

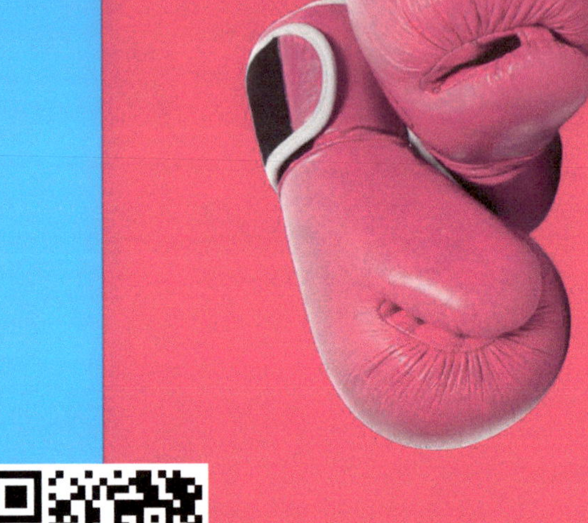

pink
vaaleanpunainen

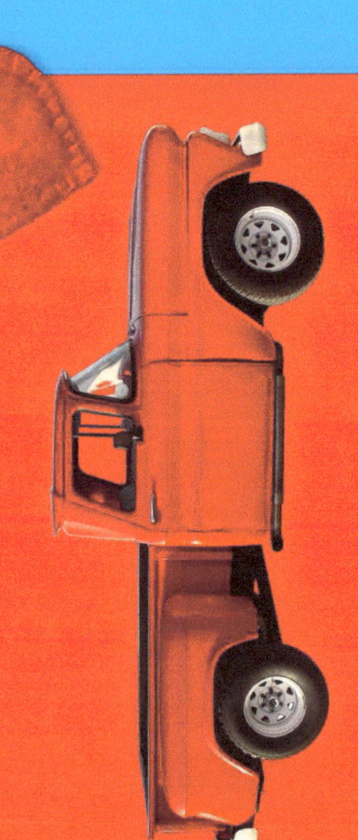

red
punainen

yellow
keltainen

green
vihreä
white
valkoinen
black
musta

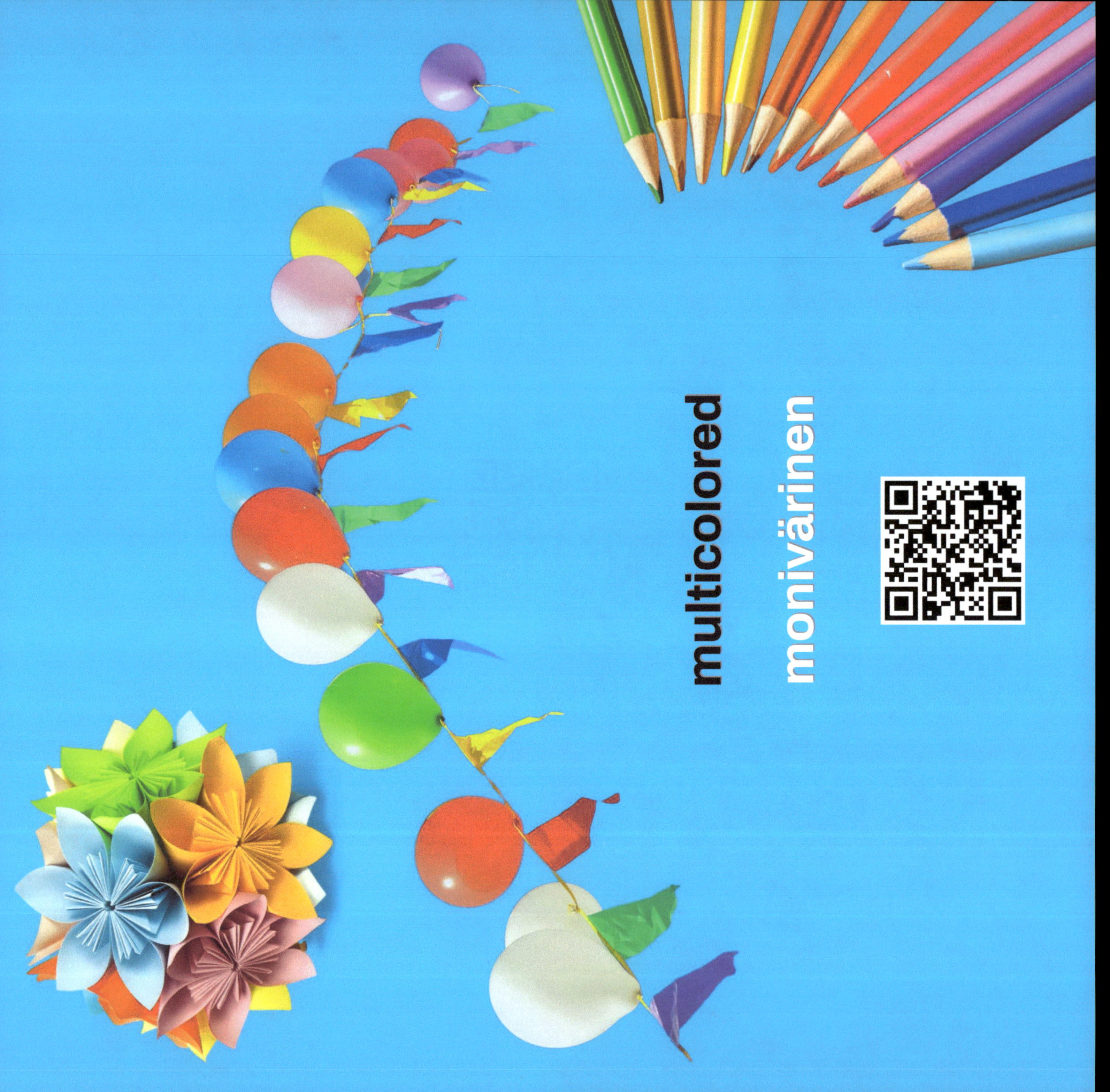

multicolored
monivärinen

rainbow

sateenkaari

banana
banaani

orange
appelsiini

apple
omena

tomato
tomaatti

potato

peruna

carrot

porkkana

corn

maissi

peas

herneet

grapes

viinirypäleet

watermelon

vesimeloni

lemon

sitruuna

pear

päärynä

egg

kananmuna

zucchini

kesäkurpitsa

mushroom

sieni

square
neliö
circle
ympyrä

triangle
kolmio

rectangle
suorakulmio

cat

kissa

dog

koira

fish

kala

duck
ankka

hen
kana

cow
lehmä

chick
tipu

rabbit

jänis

frog

sammakko

mouse

hiiri

pig

sika

horse
hevonen
sheep
lammas

ladybug
leppäkerttu

flower
kukka

snail
etana

butterfly
perhonen

cake

kakku

bread

leipä

clock
kello

key
avain

ball

pallo

book

kirja

plate
lautanen

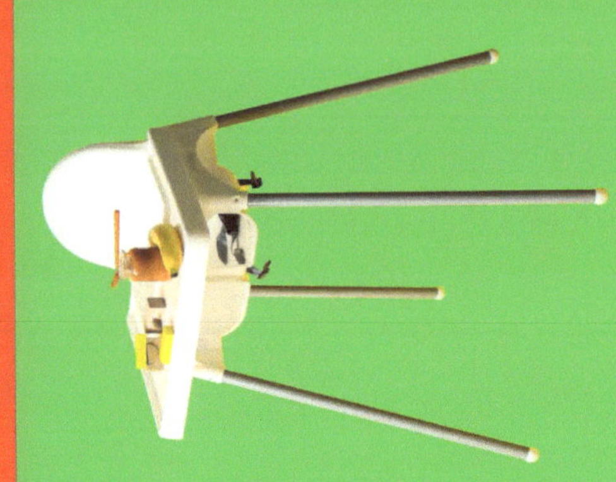

high chair
syöttötuoli

table
pöytä

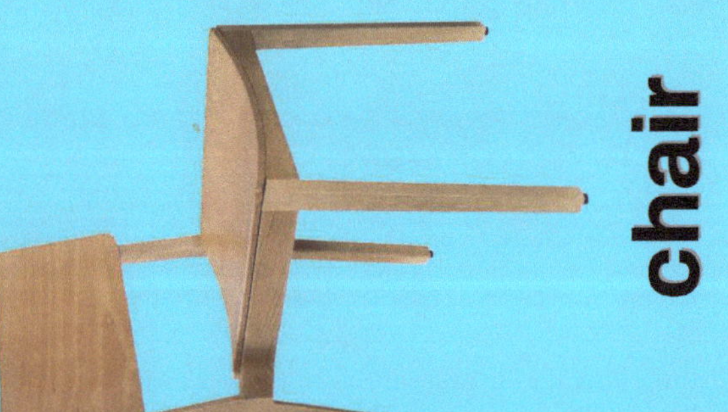

chair
tuoli

spoon
lusikka

fork
haarukka

cup
kuppi

knife
veitsi

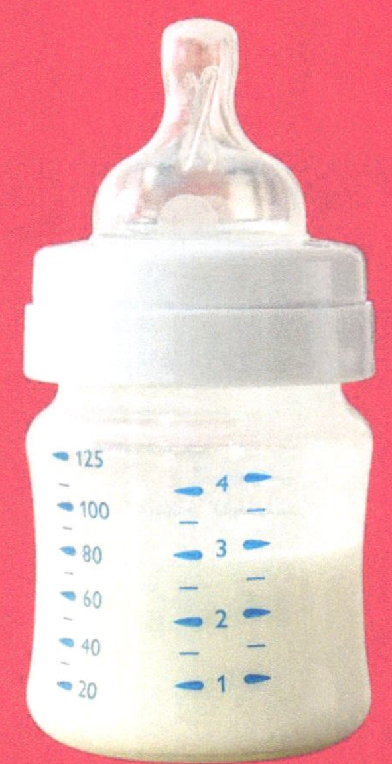

baby bottle

tuttipullo

glass

lasi

teddy bear

nallekarhu

bed

sänky

pacifier

tutti

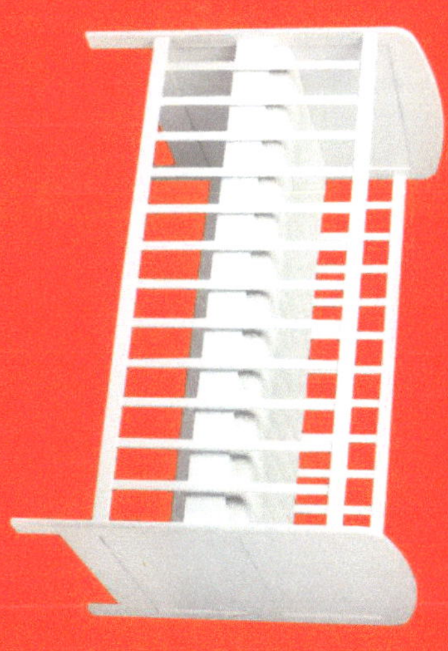

crib

pinnasänky

sink
pesuallas

soap
saippua

towel
pyyhe

toothbrush
hammasharja

potty
potta

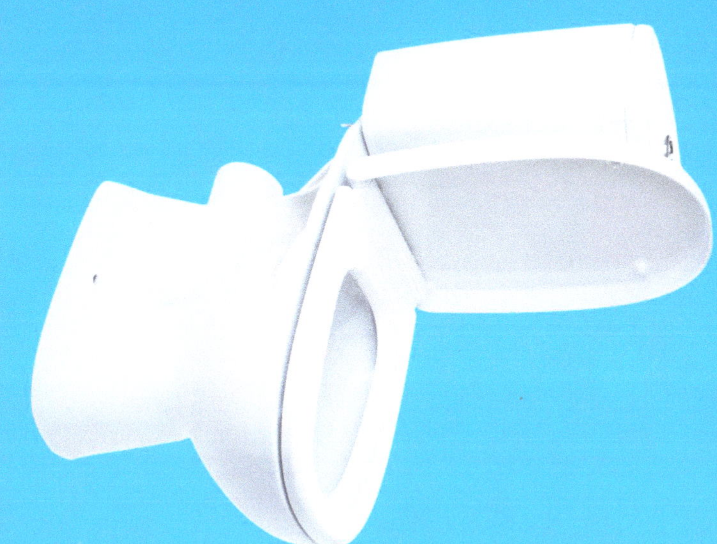
toilet
vessa

diaper
vaippa

bike

polkupyörä

boat

vene

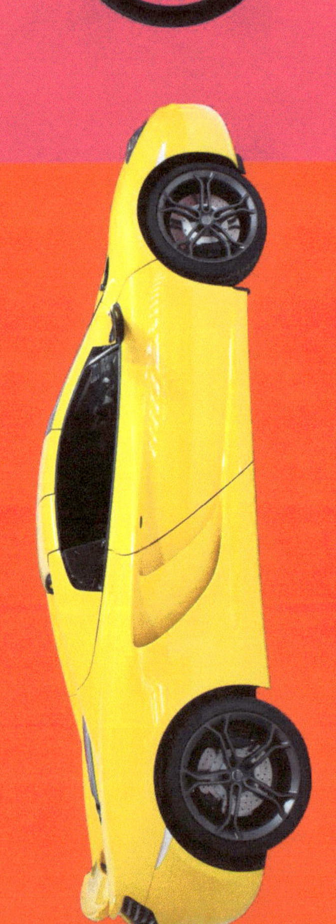

car

auto

plane

lentokone

train

juna

firetruck

paloauto

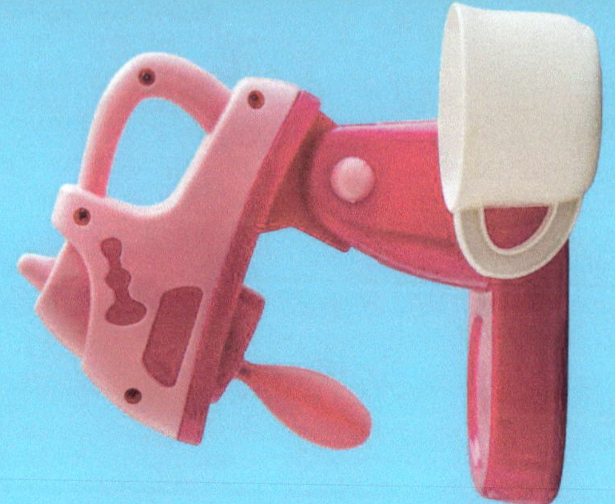

toys

lelut

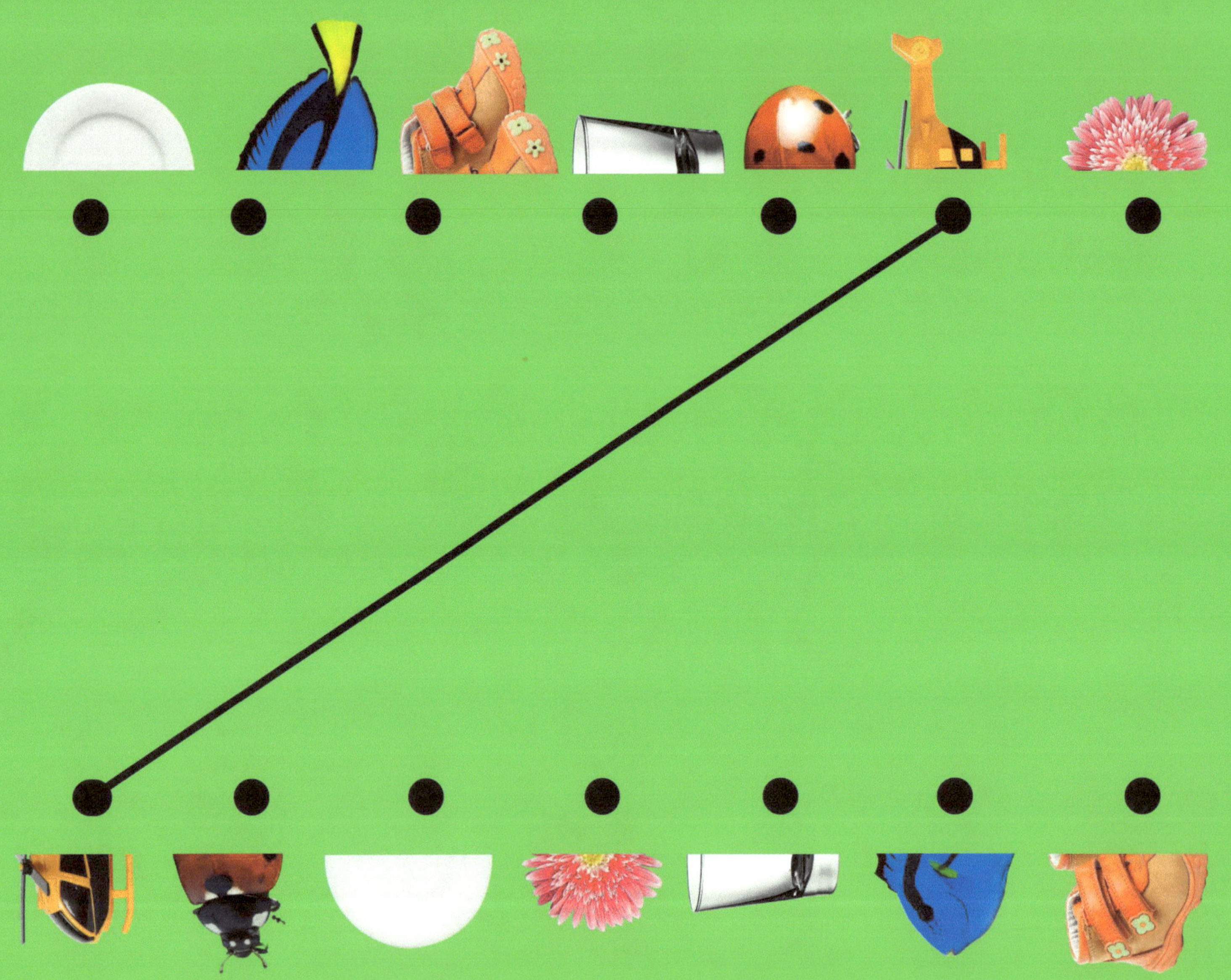